LE PRESIDENT JEANNIN.

GALERIE UNIVERSELLE.

LE PRÉSIDENT JEANNIN.

LA France avoit oublié les guerres du Milanois & la journée de Pavie, elle commençoit à jouir, sous un Prince Restaurateur des lettres, d'un état de tranquillité qui devoit bientôt cesser, lorsque naquit Pierre Jeannin.

Nommer les ancêtres d'un grand homme, ce n'est pas ajouter à sa louange, c'est rendre compte des motifs qu'il eut de soutenir une gloire acquise; c'est annoncer que la fortune lui en offrit l'occaſion, en le plaçant ſur un grand théâtre. De tous les avantages de la naiſſance, Jeannin n'eut que celui qui peut mettre le génie à portée de ſe paſſer des autres, pour ne devoir qu'à lui ſeul ſon élévation, je veux dire l'exemple & les leçons d'un père ſage. Sans la gloire de ſon fils, Pierre Jeannin, Echevin d'Autun, ne ſeroit connu que jusqu'où peut ſe répandre l'odeur d'une vertu ſimple, qui, plus heureuſe peut-être en ſon obſcurité, ne reçoit aucun éclat ni des dignités, ni des richeſſes.

Jeannin ouvroit à peine ſon ame à la ſenſibilité, qu'il vit ſa Patrie, en deuil, pleurer ſur le tombeau de François Ier la perte d'un de ſes plus grands Rois. Il entendit de toutes parts retentir ces mots, préſages trop aſſurés des malheurs dont il devoit être témoin: Qui pourra déſormais arrêter la chaleur des partis, & prévenir les troubles dont la Religion nous menace?

Cependant, la diſcorde ſe cachoit encore ſous un Prince à qui il ne manqua, peut-être, que de la redouter davantage, pour en étouffer à jamais le germe; elle creuſoit ſourdement la mine en attendant le moment de la révolution, & laiſſoit jouir d'une paix apparente pour la troubler avec plus de sûreté : calme trompeur ſans doute, mais qui donna du moins au ſage le temps de s'armer contre la tempête. Qui ſçut mieux en profiter que Jeannin ? Car ne craignons point de nous arrêter à ce premier âge des grands hommes, puiſque c'eſt de cette ſphère qu'ils ſont ſortis tels que nous les admirons.

Appellé à la profeſſion d'Avocat, Jeannin ne vit d'abord dans l'étude des Loix Romaines, qu'une formalité à remplir, pour obtenir un titre. Entraîné par le goût de la diſſipation, il abandonna pluſieurs fois l'école du plus célèbre Juriſconſulte qui fût alors dans l'Europe ; mais chaque fois la bonté de ſon naturel, & l'excellence de ſon jugement, y laiſſoient des traces plus profondes que la légèreté de ſon âge. Au lieu des reproches que méritoit ſa déſertion, il n'éprouvoit, à ſon retour, de la part du Maître & des diſciples, que le plus tendre empreſſement à le recevoir, & comme l'œil du génie meſure l'eſpace avant de le parcourir, il apperçut bientôt dans cette précieuſe collection des plus ſages opinions de l'antiquité, tout ce que la juſtice peut dicter de plus sûr, tout ce que la morale peut offrir de plus intéreſſant, les leçons de la philoſophie elle-même, qui abjurant les doutes inſenſés de Pirrhon, le Dieu d'Epicure, la triste indépendance de Diogène, la pénible tranquillité de Zenon, & toutes les chimères de la spéculation, avoit porté sur les actions des hommes le flambeau de la vérité, combiné les moyens d'établir l'ordre avec l'existence nécessaire des passions qui tendent à le troubler, préparé des remèdes efficaces à des maux inévitables, & formé un code d'équité à qui l'admiration des peuples devoit un jour donner force de Loix. C'est à ce foyer de sagesse, si je puis ainsi parler, que l'ame de Jeannin s'épura.

Son entrée au Barreau fut comme un de ces rayons du matin qui annoncent tout l'éclat du soleil en son midi ; il y eut à traiter en arrivant les grands intérêts de la préséance entre deux Villes rivales ; & sa Patrie, dont il défendoit les droits, recueillit le premier fruit de ses travaux.

A quel point de gloire Jeannin n'eût-il pas porté l'éloquence du Barreau François, si la fortune lui eût permis de courir plus long-temps cette carrière, puisque ses rivaux même, étonnés de la rapidité de ses succès, le nommoient déjà l'Emule des anciens ! Mais la réputation qui emporte si souvent les hommes loin de leurs goûts, & au-delà de leurs projets, appella bientôt Jeannin à des fonctions d'un autre genre : Conſeil de ſa Province, Député pour le Tiers-Etat aux Etats-Généraux du Royaume, Orateur de la plus grande partie de la Nation en ces Aſſemblées auguſtes, ces titres qui flattent, d'autant plus qu'ils annoncent une confiance plus générale ; ces titres auxquels le mérite ſeul ne peut prétendre, parce qu'ils ſuppoſent encore la maturité de l'âge & les lumières de l'expérience, qui ſont, pour l'ordinaire, le prix tardif d'une ſageſſe long-temps éprouvée, ne furent pour Jeannin que l'occaſion de mériter davantage, & les degrés par leſquels il parvint au faîte des grandeurs. Suivons-le dans cette route glorieuſe, & puiſque la mémoire de ſes vertus eſt liée à l'hiſtoire de nos malheurs, ouvrons les faſtes de la Monarchie, & ne craignons point de réveiller une ſenſibilité qui eſt la plus précieuſe leçon des cœurs qu'elle remue.

Le Royaume épuiſé par les guerres, diviſé par les partis de Religion, en proie à l'ambition effrenée d'une Maiſon qui ne reſpecta pas même le Sang Royal, livré à toutes les fureurs de ſes ennemis ſous un Prince foible par ſon âge, plus foible encore par ſes infirmités, venoit de tomber ſous une Régence incapable de détourner l'orage que tant d'années avoient groſſi, & qui devoit enfin éclater.... O France ! je n'ai garde de ranimer les couleurs de ce tableau d'abominations, dont le seul souvenir effraie l'humanité, étonne l'univers qui te voit survivre à ses secousses, consterne tes habitans, & arrachera long-temps encore à leurs enfans des larmes de honte & de douleur. Passons rapidement sur ces temps de désastres que tu voudrois pouvoir effacer de tes annales..... Mais pourquoi détourner la vue de ce funeste spectacle, quand l'horreur qu'il inspire est peut-être encore le seul frein de notre férocité? Nous devons nous en souvenir, disoit le Grand-homme dont je retrace les vertus, pour apprendre que cette violence ne servit qu'à ternir & diffamer l'ancienne candeur du nom François, chez toutes les Nations de la Chrétienté. Nous devons nous en souvenir, pour reconnoître, en cet exemple terrible, que la force n'enseigne jamais le vrai culte, & pour éviter un écueil contre lequel nous avons si souvent fait naufrage.

Le jour fatal est venu, le premier coup est porté, la France n'est plus qu'un théâtre de massacres & de trahisons. L'inimitié, l'envie, l'avarice, couvertes du manteau de la Religion, percent l'intérieur des Maisons pour exercer en son nom la vengeance, & assouvir la cupidité. Le vieillard n'est point respecté;

l'enfant eſt immolé ſur le ſein de la mère, & la rage des meurtriers étouffe dans le berceau l'eſpoir des générations futures; le Citoyen éperdu abandonne ſes foyers, ſa retraite même le précipite au-devant des bourreaux; où fuiroit-il pour n'en pas rencontrer? Du ſein de la Capitale, inondée plutôt qu'abreuvée de ſang, la fureur gagne juſqu'aux extrémités du Royaume, le glaive de la proſcription eſt envoyé dans les Provinces; qui parera ce coup? Quelle main tutélaire arrêtera ces furieux? Jeannin veille ſur la Bourgogne, & la Bourgogne eſt préſervée, ſans autre caractère que celui d'un Sage qu'on conſulte, ſans autres armes que la force de ſon éloquence & les reſſources de ſon génie, ſans autres motifs que le ſoulevement d'un cœur indigné. Il parle, & le Meſſager de la mort n'oſe avouer en ſa préſence l'ordre ſanguinaire qu'il apporte; il rappelle la loi de Théodoſe, cette loi, le fruit du remords, qui défend aux Gouverneurs l'exécution précipitée d'un mandement de colère, arrête ceux qu'une aveugle obéiſſance entraîne; il réclame la forme légale de la volonté ſouveraine pour un acte de cette conſéquence, & l'ordre de ceſſer le carnage arrive avant qu'on en ait donné le ſignal.

Le calme ſuccède aux tempêtes que le Ciel envoie

ſur la terre, & leur durée eſt plus courte quand elles ſont plus terribles. Il n'en eſt pas de même de celles que les paſſions des hommes y agitent; ſemblable à une machine, dont le mouvement ſubſiſte après la deſtruction du reſſort qui a troublé ſon équilibre, l'orage gronde long-temps encore après le remords de celui qui l'a excité; c'eſt un feu qui conſume juſqu'à ſa cendre, & le déſordre ne ceſſe que lorſque, parvenu au dernier terme, il a lui-même produit l'impuiſſance de le faire durer : ainſi cette ſiniſtre journée devint le ſignal de toutes les guerres du XVIe ſiècle.

Le fanatiſme armé pour punir l'erreur, avoit déployé de toutes parts l'étendard de l'hoſtilité; déjà la néceſſité de la défenſe s'étoit changée en fureur de parti, & l'ambition fomentoit des troubles qu'elle regardoit comme les moyens de ſa grandeur; aucun de ces motifs n'entra dans le cœur de Jeannin. Comme il dut tout à ſes ſervices, & rien à la fortune, la jouiſſance de ſes biens ne porta point en ſon ame cette ſoif ardente de ſes faveurs, qui croît à meſure que l'on réuſſit à la ſatisfaire. Élevé ſucceſſivement, toujours à titre de récompenſe, toujours par la libéralité de ſon Roi, aux premières places du Sénat, il ne vit en

ce

ce ſurcroît de graces & d'honneurs que de nouveaux devoirs, & un rang qui, en lui donnant plus d'autorité, lui impoſoit une obligation plus étroite de ſe conſacrer au ſervice de ſa Patrie.

C'eſt à ces ſentimens qui le guidèrent toujours dans les temps les plus orageux, qu'il dut cette conduite ſage & modérée, qui le diſtingua au milieu même des factions où la viciſſitude des évènemens l'entraîna; car, il faut l'avouer, enfin, Jeannin fut Ligueur; que dis-je, l'avouer, non ce n'eſt point une vérité que je voudrois taire, & que ſa publicité m'arrache, je dois le dire, puiſque ſa Patrie eut à s'applaudir d'avoir trouvé un auſſi grand Homme ſous les drapeaux de ſes ennemis: oui, Jeannin fut Ligueur, il fut attaché aux chefs de ce funeſte complot, & ces circonſtances, l'écueil de la piété de tant de Catholiques, de l'humanité de tant de Citoyens, de la fidélité de tant de Sujets, n'ont ſervi qu'à donner l'éclat de l'héroïſme aux vertus inaltérables de Jeannin.

Admis aux plus intimes ſecrets du Duc de Mayenne, c'eſt par l'ordre de Henri III, qu'il reſte près de lui, non pas comme un vil délateur ſous le nom de confident, non comme un odieux ſurveillant ſous les dehors d'un ami, mais comme un conſeil ſage, éclairé, le ſeul capable d'arrêter la fougue ambitieuſe de ce génie inquiet.

Deux fois, il l'a rendu docile à la voix du devoir, deux fois, ranimé par ſes frères, il a ſecoué le joug qu'ils ne pouvoient porter. Les cœurs ſéditieux reſſemblent à des matières mal éteintes qui ſe rallument en ſe rapprochant. Jeannin le quitte enfin ; mais c'eſt pour rompre plus sûrement ſes meſures, c'eſt pour négocier au nom de ſa maiſon, & il prévient, par le Traité d'Epernay, les ſuites violentes de la conférence de Joinville.

Les rebelles étoient déſarmés, le Monarque avoit ſigné des conditions de clémence, tout annonçoit qu'une paix durable ſeroit le fruit de ces conventions ſolemnelles ; mais la paix, ce nom ſacré, ce nom à l'abri duquel le guerrier s'endort au camp de ſon ennemi, que le barbare même reſpecte, n'étoit alors qu'un piége, & ne produiſoit qu'une perfide ſécurité ; les hoſtilités recommencent, le ſang coule à Blois, & le cri de la vengeance retentit au ſein de la Bourgogne. Qui pourra, cette fois, braver le déſeſpoir de Mayenne ; qui oſera lui conſeiller la ſoumiſſion ; qui ſera le garant de ſa sûreté? Jeannin ne l'abandonne point en ce moment cruel, ſon Roi lui commande ce ſervice, une lettre de ſa main auguſte devient dans celles de Jeannin, le gage de la réconciliation; que ne doit-il pas attendre du zèle de ce Magiſtrat? Ah! Prince ceſſez de redouter des paſſions que Jeannin ſçait maîtriſer: heureux, ſi vous n'aviez eu d'ennemis que celui dont il étoit le confident, vous l'auriez vu, ſoumis à vos loix, ſacrifier à ſon devoir ſes plus vifs reſſentimens! Déjà le fidèle Jeannin tenoit ce lion farouche enchaîné à l'obéiſſance, il le conduiſoit aux pieds du trône; mais la troupe des factieux qui demande un chef, ſe groſſit ſur ſa route, l'arrête à ſon paſſage, l'arrache à ſon vertueux Conſeil, querelle ſa foibleſſe, & l'entraîne à la révolte.

Une nouvelle ſcène va s'ouvrir, ſcène horrible, qu'on ne peut ſe rappeller qu'en frémiſſant. La main ſacrilège du fanatique a tranché les jours du Souverain; l'héritier légitime de la Couronne eſt forcé de conquérir ſes Etats ſur ſes ſujets; une partie de la France eſt en guerre avec l'autre; la ſuperbe Maiſon d'Autriche croit entrevoir le moment de réaliſer enfin la chimère de la Monarchie univerſelle, & la Religion prête ſon voile à ces abominations. Je l'ai dit, Jeannin fut Ligueur, je le redirai, pour faire voir que le grand homme laisse par-tout la précieuse empreinte de son caractère. Si Jeannin n'eût été que vertueux, il auroit eu sans doute le sort de tant de Catholiques de bonne foi, que la chaleur du zèle emporta à l'enthousiasme, parce qu'ils aimoient la Religion, & qu'ils trouvèrent dans leurs cœurs les sentimens qui n'étoient que sur les lèvres des factieux; mais trop éclairé pour ne pas pénétrer ce mystère d'iniquité, trop patriote pour le dissimuler, il arracha lui-même le masque à ceux dont il avoit suivi le parti.

C'est à Madrid, qu'il voit pour la première fois l'intérieur des cœurs François, tandis que Paris respecte encore des dehors imposans. Député en cette Cour, par un Conseil de séditieux, qui ne connurent que son génie, sans prévoir sa droiture, il parle des intérêts de cette Religion chérie.... A peine peut-il se faire entendre; l'ambition, enhardie par nos malheurs, a porté dans les esprits une effervescence qui trahit ses secrets; on ne s'occupe que de vues de politique; il n'est question que des moyens de les accomplir; ce n'est plus la destruction d'un schisme, c'est l'usurpation d'un trône que l'on médite. Quel François n'eût frémi à ces propositions? La sensibilité de l'ame, qu'il me soit permis de le dire, est en proportion de ſa ſupériorité, celle de Jeannin demeure un moment partagée entre la ſurpriſe & la douleur ; avec quelle force ce Citoyen va peindre ce qu'il ſent avec tant de vivacité ! Non, la prudence fait taire l'indignation ; il cache avec ſoin cet amour de ſa Patrie qui l'auroit rendu ſuſpect; il feint d'approuver ces projets pour ſe conſerver le pouvoir d'en différer la conſommation, & il ne conclut que ce qu'il eût été plus dangereux de refuſer.

Ce que Jeannin avoit eu l'art de cacher à l'Eſpagne, il eut le courage de l'annoncer à la France ; le même motif le guidoit en ces actes différens, motif glorieux, & qui fut toujours pour lui ſupérieur à la néceſſité des mêmes évènemens : c'eſt par lui que tandis qu'il diſſipe ſon patrimoine, & épuiſe par des emprunts réitérés le reſte de ſon crédit pour ſoutenir ſon rang, il eſt le ſeul qui refuſe conſtamment d'avoir part aux libéralités de la Maiſon d'Autriche, qui verſe l'or avec profuſion pour s'attacher les Ligueurs; c'eſt par lui que dans un Conſeil des plus obſtinés, dans un Conſeil aſſemblé pour aiguiſer de nouveau le fer des François contre leurs frères, il a la noble hardieſſe de repréſenter à Mayenne qu'il doit mettre bas les armes, & reconnoître le Roi de Navarre,

Le péril le plus éminent, le déſeſpoir du ſuccès, rien ne peut ébranler cette fermeté. Jeannin arrive à Marſeille, & Marſeille n'eſt plus à la France. Un Prince, dont les plus fortes armes étoient de vaines promeſſes & de ſecrettes intelligences, s'en étoit ouvert l'entrée. Il commandoit en maître aux Marſeillois ſoumis ; mais ils vont recevoir un autre commandement, & c'eſt Jeannin qui le leur donnera. Sera-ce au nom du Souverain? ils le méconnoiſſent. Sera-ce au nom de la Ligue? elle favoriſe elle-même cette perfidie ; c'eſt au nom de la patrie qu'ils trahiſſent, & dont tout citoyen peut réclamer les droits. Auſſi intrépide que Camille renverſant au Capitole le Baudrier de Brennus, il brave l'ennemi triomphant, & accuſe en ſa préſence, la lâcheté de ſes compatriotes. La troupe étonnée, inquiete, incertaine, reſte comme involontairement attachée à ſes pas ; elle le ſuit à la maiſon publique, & la foule des habitans qui s'y porte au bruit de cette généreuſe témérité, en groſſiſſant le nombre de ceux dont il va manier les cœurs, lui livre bientôt aſſez de bras pour effrayer l'uſurpateur. O ſublime éloquence ! c'eſt-là, c'eſt en ces occaſions périlleuſes, que tu fais connoître à l'Univers les miracles de ta puiſſance, quand du sein du tumulte des séditions, la voix du génie s'élève pour ramener les hommes à la vertu ! C'est alors que tu mets dans la bouche du sage ce ton de véhémence qui couvre le murmure licencieux de la multitude, ces mouvemens impétueux qui agitent l'intérieur des consciences, ces traits de feu qui sillonnent les ames ! C'est alors que tu déploies ces ressorts vigoureux, que l'art du Rhéteur n'a point énervés, & qui mettent les volontés de ceux qui écoutent à la disposition de celui qui parle. Telles furent, dans la Grèce, les armes de Démosthènes contre Philippe ; telles furent à Rome celles de Cicéron contre Catilina ; telles furent à Marseille celles de Jeannin contre le Duc de Savoie, plus grand encore que les deux Orateurs de l'antiquité, puisqu'en défendant leur Patrie, ils combattoient sur le vaisseau qui portoit leur fortune & leur gloire, tandis que Jeannin, Ligueur, ne put sauver la Provence, qu'en étouffant le sentiment de son intérêt, & la crainte impérieuse de travailler contre lui-même.

Pourrois-je craindre de le dire après cela ? Oui, Jeannin fut Ligueur, & il le fut pour le bonheur de la France. Il demeura parmi les factieux ; mais là, il ſervit plus utilement ſon Roi, qu'il n'eût pu le faire près de lui, parce qu'*éloigné de tout mauvais deſſein, il accommoda toujours ſes vœux, ſes conſeils, ſes actions au bien général.*

Ainſi ſe peignoit lui-même ce généreux Citoyen, lorſque, dans le calme de la retraite, de même qu'un Pilote aſſis ſur le rivage ſe plaît à voir ſur les mers appaiſées les flots qui l'ont menacé, il retournoit en arrière pour contempler les temps écoulés, & deſcendoit en ſon cœur, pour y goûter cette paix intime, qui eſt le prix d'une vie ſans reproche.

Mais, qu'eſt-il beſoin d'avancer le terme encore éloigné de ſa carrière, pour y chercher un témoignage qui peut n'être, après tout, que l'illuſion de ſa bonne-foi? C'eſt le vainqueur de la Ligue lui-même que j'atteſte, c'eſt ce Héros, qui, à peine aſſis ſur ſon trône ébranlé, tandis que ſa ſévérité repouſſe avec indignation les lâches qu'il voit engraiſſés de la choſe publique, du ſang de ſes ſujets, du prix de ſes revers, appelle Jeannin à ſa Cour, répare ſa fortune par ſes bienfaits, comme s'il l'eût conſumée dans ſes camps, & ne croit pas pouvoir travailler plus efficacement à la ſplendeur du Royaume, & à la félicité de ſes peuples, qu'en employant à ce grand œuvre,

œuvre une vertu échappée à tant de périls, un génie éprouvé par tant d'obstacles.

La face de la terre est changée, un nouveau règne commence, règne glorieux & paisible, qui doit effacer jusques au souvenir de nos disgraces, faire succéder l'ordre à la confusion, l'abondance à la misère, & procurer à la France le repos qu'elle a si long-temps desiré; mais qui ne sçait que cette harmonie n'est jamais que le fruit des travaux de quelques génies actifs, qui, sous les yeux du Souverain, conduisent les opérations secrettes du Gouvernement, & manient dans les Cours étrangères, les ressorts combinés de sa politique? C'est à ces fonctions pénibles & glorieuses que Jeannin va consacrer le reste de ses jours. Elevé par son Roi à la première charge de Magistrature de sa Province, il ne lui fut pas même permis de s'éloigner de sa personne, pendant le peu de temps qu'il conserva le titre honorable de Président du Sénat; on eût dit qu'il ne lui avoit été donné que pour effacer tous les nuages que l'erreur ou l'injustice pouvoient répandre sur sa fidélité, pour lui faire de cette dignité un bouclier contre la calomnie, pour annoncer aux peuples ses vertus, & établir à leurs yeux, par l'éminence de cette place, la confiance que le Monarque destinoit à l'homme d'Etat.

Qu'est-ce qu'un homme d'Etat? c'est un Citoyen que l'estime du Prince appelle auprès du trône, pour l'aider à supporter le fardeau de sa puissance, pour partager avec lui les travaux de la Souveraineté. Tel est le privilége des Rois, privilége que la nécessité a introduit dans les grands Empires, de ne se réserver que la législation & le commandement, & de laisser à leurs Conseils les détails de l'administration; de toutes les facultés de l'ame, on diroit, si l'on peut ainsi s'exprimer, qu'un Monarque a droit de n'user que de la volonté.

Tel est au contraire le devoir d'un homme d'Etat, d'exercer par lui-même toute l'autorité dont il est dépositaire; il dispose du bien d'autrui, lorsqu'il étend à d'autres une confiance qui n'est donnée qu'à lui, il est comptable & du mal qu'il a souffert, & du bien qu'il n'a pas fait; malheur à ceux qui trompent les Rois, malheur au Ministre qui se laisse tromper! Il est responsable des fautes même qu'il aura commises par des ordres surpris; les Peuples seront en droit d'accuser sa partialité ou sa négligence; & si leurs plaintes parviennent aux pieds du trône, le retour du Maître mieux inſtruit ſera la conviction de l'injuſtice ou de la foibleſſe de ſon Conſeiller.

La piété filiale, la tendreſſe paternelle, l'intérêt de ſes proches, les liaiſons de l'amitié, la ſenſibilité généreuſe de la reconnoiſſance, & tous les liens qui maîtriſent les volontés par des affections légitimes, ſont des vertus pour un Citoyen; ce ſont des écueils pour un Miniſtre, parce qu'ils introduiſent preſque toujours des diſtinctions injuſtes, des exceptions offenſantes, des dérogations pernicieuſes, & que la première maxime de conduite d'un homme d'Etat, doit être de tout faire par des règles générales.

Il faudroit qu'il fût ſans paſſion; mais elles tiennent à l'humanité; & puiſque le dernier terme de nos efforts eſt d'en régler l'impreſſion, en livrant à l'une tout l'empire que l'on veut ôter aux autres, il faut que celle de l'amour de la Patrie ſoit la ſeule qu'il éprouve, que celle de ſa propre gloire lui ſoit ſubordonnée; qu'elle faſſe taire tous ſes penchans; que par elle, il apprenne à juger d'un œil impartial toute la foibleſſe de l'orgueil, toute la folie de l'ambition, toute la baſſeſſe de la haine, toute la honte de la molleſſe.

Quiconque eſt capable de regarder comme le prix de la faveur, un titre qui ſuppoſe autant de vertus, qui exige autant de talens, qui impoſe autant de devoirs, ne ſera jamais digne de l'obtenir, il n'en a point meſuré l'étendue, il n'a vu que la facilité d'en abuſer; ſa préſomption l'éblouit, ou ſon cœur eſt follement enyvré du deſir de dominer.

De même que l'inſtitution, qui, dans l'origine, eſt l'ouvrage des Chefs, forme à ſon tour les Républiques, ainſi les motifs d'un Souverain dans le choix de ſes Miniſtres décident néceſſairement leurs vices & leurs vertus (1). Si ſon eſtime ne leur fait pas un

(1) C'eſt dans les criſes Nationales, que le Patriotiſme ſe montre avec toute ſon activité. Plus l'autorité arbitraire cherche à empiéter ſur la liberté Nationale, plus il eſt inſtant de fixer le pouvoir Miniſtériel, & de l'enchaîner par des loix ſi ſagement faites, qu'il ne puiſſe les franchir, ſans s'expoſer à la rigueur de ſes mêmes Loix. Une Nation n'eſt libre, que lorſque la Loi ne connoît ni diſtinction de rang, ni cette faveur éphémère, que les courtiſans de profeſſion achètent ordinairement au prix de leur honneur. Ce ſouffle impur eſt au moral, ce que ſont au phyſique ces épidémies déſaſtreuſes qui frappent de mort les corps, en leur laiſſant l'enveloppe apparente de la vie. Tant que des Miniſtres déprédateurs jouiront impunément de leur malverſation, & qu'on ne les punira pas d'avoir méſuſé de la confiance du Chef de la Nation, il en réſultera tous les maux que les Etats-Généraux vont ſans doute faire diſparoître pour jamais. Cette époque, régénératrice pour les Finances de l'Etat,

titre pour lui résister, sa bienveillance ne leur impose que la nécessité de le flatter aveuglément : qu'il y

va être celle où l'intérêt particulier se taira volontairement pour le bien de tous. La *Noblesse* est disposée à faire les plus grands sacrifices ; le Clergé en fera autant. Quant au Tiers-Etat, il ne cédera pas en générosité à ces deux Ordres. Qu'il soit traité avec cet esprit de justice, que des hommes libres doivent attendre d'autres hommes libres, c'est le cri unanime de tout bon François. Qui de nous n'a pas des liaisons, des affinités directes avec ce Tiers-Etat, si long-temps oublié. Qui de nous n'éprouve pas continuellement que cette classe est celle où l'on retrouve cette *bonhomie* antique, qui rendoit nos pères si recommandables. Qui de nous ne s'enorgueillit pas d'avoir appris à penser dans les chefs-d'œuvre de *Corneille*, de *Voltaire*, de *Buffon*, & d'une foule d'autres Grands Hommes, *tous nés dans le Tiers-Etat.* Disons-le hautement. Si l'esprit constituoit la Noblesse héréditaire, il n'y a pas de doute que le Tiers-Etat n'eût absorbé depuis long-temps tous les priviléges qui sont à la veille de cesser. Selon notre manière de penser, rien ne nous semble plus beau, que de voir le premier Prince du sang de France, représenter le Tiers-Etat, & ajouter, s'il est possible, au respect que son rang auguste inspire par le noble oubli qu'il semble en faire pour l'intérêt général. La Nation a droit d'attendre que ces Représentans feront disparoître les abus, & que chaque Province jouira enfin paisiblement de ses priviléges. Celle de Languedoc, à qui nous tenons par les liens les plus étroits, obtiendra, sans doute, une nouvelle reconstitution, pour ses Etats particuliers ; elle a nommé des Députés pour en porter l'expression aux pieds du Monarque. Nos concitoyens, bien assurés de notre zèle patriotique, *nous ont choisi au nom des trois Ordres du Diocèse d'Agde.* Pour remplir cette mission honorable, nous regrettons vivement que les circonstances actuelles n'aient pas permis aux Ministres a loin de plaire & de ſervir ! Un intervalle immenſe ſépare le favori & l'homme d'Etat, leur attachement même n'a rien qui ſe reſſemble; le premier ne voit que la perſonne du Maître, où le ſecond ne connoît que la perſonne du Souverain ; l'un, eſclave des premiers mouvemens de ſa volonté, met ſon étude à ſatisfaire ſes goûts, il encenſe ſes caprices ; l'autre, organe fidèle de la vérité, juge avant que d'applaudir , & remettre avant que d'exécuter ; il ſuſpend ſa ſévérité , ou tempère ſa clémence ; il réveille ſa juſtice, ou déſarme ſa prévention; il combat ſes penchans par la voie de la raiſon & de l'équité : celui-là eſt le Miniſtre des plaiſirs de l'homme, celui-ci eſt le Miniſtre de la gloire & des intérêts du Prince.

Alexandre aima Epheſtion, parce que Epheſtion aimoit Alexandre ; il aima Cratère, parce que Cratère aimoit le Roi & l'Etat, tous les deux lui furent chers; mais que le retour dont il paya leur affection fut

du Roi de s'occuper d'un objet auſſi capital. Mais nous attendons, avec une eſpérance conſolante, de voir réaliſer les vœux d'une des plus belle Provinces de France par les ſoins de ſes Repréſentans aux Etats-Généraux, & par la tendre ſollicitude du Chef de la Nation, qui a pris pour principe invariable que, régner ſur un peuple heureux, c'étoit régner doublement.

différent ! Il admit Epheſtion à la familiarité de ſes foibleſſes, il honora Cratère de la confidence de ſes projets. Quelle gloire pour le Monarque qui ſçait diſtinguer la complaiſance ſervile du zèle courageux ? Quel bonheur pour les peuples qui vivront ſous ſa loi ?

Un Prince à qui la poſtérité toujours juſte a conſervé le nom de père de ſes ſujets, ne pouvoit confondre ces deux ſentimens ; élevé loin du trône, dans les troubles & dans les haſards, l'idée de ſa grandeur ne fut point un préjugé de ſon enfance, l'habitude ne filtra point en ſon cœur l'yvreſſe de ſa puiſſance ; avant que d'avoir des courtiſans, il avoit connu des hommes, & l'adverſité lui avoit acquis l'avantage ineſtimable de les juger, ſans être ébloui par le maſque attrayant du flatteur, ſans être rebuté par la fermeté de la vertu. Ainſi une capacité reconnue, une application infatigable, une droiture éprouvée, enfin un vif amour pour la Patrie, ſentiment que de vains dehors & un enthouſiaſme médité n'avoient pas fait préſumer ; mais dont il avoit donné tant de preuves éclatantes, dont la ſincérité étoit garantie par des confidences interceptées ; voilà quels furent les droits de Jeannin à la confiance de Henri le Grand.

Quel précieux témoignage ne reçut-il pas de cette confiance, lorſqu'à peine admis au Conſeil du Souverain, la publicité d'un ſecret important dénonça un perfide, & fit regretter à tous ceux que l'erreur pouvoit accuſer, la gloire d'en avoir partagé le dépôt? tandis que la droiture ne fait encore que des vœux pour que le coupable ſoit connu, l'envie a déjà déterminé des ſoupçons, il s'élève un murmure, les yeux ſe tournent ſur Jeannin, & ſemblent interroger ſon ſilence..... Il ſe taît; une conſcience sûre n'éprouve en ces momens affreux qu'une froide indignation, & l'indignation eſt auſſi muette que la conviction; il ſe taît, mais Henri parle & le venge : *Je réponds de Jeannin*, dit ce Prince avec cette aſſurance qui confond la calomnie; *voyez entre vous autres qui a révélé ce ſecret.*

Les vertus ſont ſans doute les qualités les plus eſſentielles à l'homme d'Etat, puiſque, ſans elles, les plus rares talens ne ſeroient entre ſes mains que des armes d'autant plus dangereuſes, qu'elles lui donneroient plus de ſupériorité; mais auſſi que ſerviroient les vertus ſans les talens? La nature avoit donné à Jeannin le génie des négociations; génie bien ſupérieur à cet art trop vanté de la politique,

qui

qui n'a pour objet que la ſurpriſe, qui ne connoît d'autres moyens que la ruſe & l'intrigue, & dont le ſuccès eſt preſque toujours une trahiſon. Le grand homme dédaigne cet artifice, qui eſt la reſſource des petites ames; aſſez prudent pour ne pas devenir leur dupe, c'eſt par l'eſtime, qu'il fait ceſſer la prévention; c'eſt par la franchiſe, qu'il force les autres à la bonne-foi : sûr après cela, de les amener où il deſire par la lumière de la vérité & l'empire de la perſuaſion.

Jeannin avoit fait plus d'une fois, à la Cour même de Henri, l'épreuve de ce précieux talent; épreuves plus difficiles peut-être que la concluſion d'un Traité qui établiroit un équilibre général; on parvient à concilier les intérêts des Nations, à déſarmer leur haine, à faire ceſſer leur rivalité; une convention réciproque unit plus d'une fois Rome & Carthage; mais qui eût entrepris de concilier Pompée & Céſar? Le droit des Gens eſt ſans force dans les guerres civiles, la vérité n'a plus d'accès où règne la diſcorde, & le crime que le rebelle s'avoue, devient pour lui le motif le plus impérieux de ne point rentrer dans les bornes qu'il ſe repent d'avoir franchies; c'eſt avec de tels hommes; c'eſt dans des circonſtances auſſi funeſtes, que Jeannin eut à négocier la paix de ſa Patrie : Henri lui dut un moment la ſatisfaction de voir le plus obſtiné des factieux recourir à ſa clémence; plaiſir précieux pour un Monarque que la néceſſité des temps forçoit à traiter avec ſes ſujets de leur obéiſſance, & qui ayant tant de qualités pour ſe faire craindre, ne vouloit employer que celles qui devoient le faire aimer.

La tranquillité intérieure du Royaume diminuoit les eſpérances de la Maiſon d'Autriche; mais elle n'avoit pu lui faire oublier entièrement des projets qui, depuis ſi long-temps, flattoient ſon ambition; ſemblable à un torrent qui élargit inſenſiblement ſon baſſin pour rompre tout-à-coup la digue que l'on lui oppoſe, elle travailloit à réduire les Provinces-Unies ſous ſa domination. Les guerres les plus injuſtes ne manquent jamais de raiſons ſecrettes & de prétextes apparens. La Hollande avoit oſé lever ſa bannière ſur les mers de l'Inde, & commençoit à partager un commerce qui étoit la force de l'Eſpagne. Tel fut le crime de ce peuple laborieux, ſi c'en eſt un de porter dans des climats éloignés un ſuperflu qui reſteroit ſans valeur, pour rapporter en échange des richeſſes dont la propriété eſt le fruit de la convention, & dont le prix n'eſt que l'effet de l'induſtrie qui les importe; tel fut ſon crime au tribunal ſecret de la politique, tandis qu'elle le traitoit de rebelle aux yeux des Nations, & réclamoit hautement les droits d'une ſouveraineté imaginaire. Quarante ans de guerre n'avoient pu arracher à ce peuple le ſacrifice de ſa liberté; cependant cette longue réſiſtance n'avoit produit qu'un plus grand épuiſement; & comme le dernier effort de celui qui reſte eſt l'époque de ſa défaite, s'il n'eſt le ſignal de ſa victoire, tout ſembloit annoncer la réduction des Provinces-Unies ſous la domination Eſpagnole. Ce danger eſt apperçu par Henri, il voit de loin le contre-coup que cet évènement peut porter à ſa Couronne; il voit ſes alliés prêts à devenir ſes ennemis; il voit la Maiſon d'Autriche aſſurée de l'empire des mers, enrichie des tréſors du Nouveau Monde, réuniſſant à ſes forces celles d'une partie de l'Europe aſſervie, écraſer l'autre de ſa puiſſance; il lit dans l'avenir ces révolutions, & la ſituation du moment ne lui permettant pas d'en arrêter le progrès par ſes armes, il envoie Jeannin les prévenir par une négociation.

Quel plus noble emploi que de repréſenter le

Souverain, de parler au nom de la Patrie, de faire le ſort des Empires, & d'être, en quelque ſorte, l'oracle & l'arbitre de l'Univers! mais auſſi quelle tâche! que de travaux à ſupporter, de reproches à prévenir, d'intérêts à concilier, d'obſtacles à vaincre, avant que l'eſpérance du ſuccès laiſſe goûter ſans effroi le ſentiment de gloire qu'inſpire la grandeur de ce miniſtère!

Lorſque Jeannin arrive à la Haye, on refuſe à ſon caractère la confiance due au Miniſtre d'un Roi protecteur & d'un allié, il perce le voile qu'on lui oppoſe; plus il examine la ſituation des affaires, plus il pénétre les diſpoſitions des eſprits, plus il découvre de difficultés & de motifs de découragement. La ſourde politique a noirci, par des ſoupçons calomnieux, les vues ſages & magnanimes du Grand Henri, pour ôter aux Provinces cet appui qui les rend invincibles; à leurs yeux abuſés, ce Prince n'eſt plus qu'un ambitieux uſurpateur, ſon amitié eſt intéreſſée, ſes ſecours ſont ſuſpects, ſes offres cachent des piéges, & il ne défend leur liberté de la domination Eſpagnole, que pour les ranger enſuite ſous la ſienne; déjà la fauſſe terreur de cette perfidie, les a rendues elles-mêmes infidèles, & la trève eſt ouverte, ſans l'aveu de celui qui leur a donné les moyens de faire la guerre.

L'Anglois qui ſemble concourir à la défenſe de cette République, eſt ſecrettement porté à la trahir; le Prince qui gouverne ce peuple tant de fois accuſé d'avoir ſacrifié à ſes intérêts la foi des conventions, eſt entièrement dévoué à la Maiſon d'Autriche, il eſt l'ennemi des Etats; & ſes Miniſtres, ces hommes que les Rois appellent à leurs Conſeils pour les aider de leurs lumières, & qui inſpirent & décident preſque toujours les volontés de leur Maîtres au gré de leurs affections perſonnelles, fomentent encore ce double motif de diviſion entre la France & l'Angleterre. Quelle eſpérance après cela, de parvenir à ce concert des deux Nations, ſans lequel le Négociateur ne devoit ni garantir la paix, ni aſſurer des forces pour la guerre!

Si Jeannin porte ſes regards d'un autre côté, il voit de nouvelles ruſes & de nouveaux piéges. Les Archiducs, par leur préſence, appuient les fauſſes allarmes qu'ils ont affecté de répandre, ils gênent les ſuffrages qu'ils n'ont pu ſurprendre ou gagner; l'ennemi ſe prête en apparence à des propoſitions, il accepte des conférences, il accorde des articles, c'eſt pour avoir le temps de réparer ſes pertes, & de raſſembler de nouvelles forces, il ſe réſerve un prétexte à la rupture qu'il médite, & la religion qui devroit être le lien des ſociétés & des Empires, cette religion qui n'enſeigne que l'humanité, qui ne conſeille que la paix, doit encore cette fois ſervir d'inſtrument à l'ambition & à la politique.

Enfin, juſques dans l'intérieur des Etats, l'intérêt perſonnel a jetté des germes profonds qui s'oppoſent à l'intérêt général : point de réſolution, ſi elle n'eſt unanime; c'eſt la loi de l'union, & l'une des ſept Provinces réſiſte ouvertement au deſir commun de la paix; chacune de ces Provinces voit elle-même s'élever en ſon ſein des partis différens : car tel eſt le ſort des Républiques, que ſi la multitude qui délibère, ne forme pas tout-à-coup le même vœu, la contrariété d'avis eſt preſque toujours l'époque de la diviſion; le Citoyen qui ne ſent que le poids des charges, fatigué de leur durée, effrayé de celles qui le menacent encore, veut acheter la paix par des ſacrifices que l'Etat ne doit pas permettre ; celui que la guerre enrichit ou, dont elle favoriſe le commerce, en deſire la continuation qui lui promet un accroiſſement de fortune ; mais que ce murmure ſecret d'une honteuſe avarice eſt encore un foible obſtacle, ſi on le compare aux cris véhémens de la paſſion de la gloire! Paſſion aveugle qui efface dans les cœurs qu'elle dévore, tout ſentiment d'humanité, tout principe de juſtice; paſſion impérieuſe, l'écueil des Conquérans, & qui tant de fois a déshonoré les plus ſublimes vertus; le Héros qu'elle enyvre, n'eſt plus qu'un monſtre de perfidie, il ne connoît de Patrie, que le champ qui lui offre des lauriers à cueillir, il ne connoît d'ennemis que le repos & l'obſcurité qui le ſuit; plus cruel, & non moins mépriſable que ces bateleurs qui ne nourriſſent des animaux que pour offrir leurs combats en ſpectacle à la multitude, le genre humain n'eſt plus à ſes yeux qu'un vil troupeau deſtiné à fournir des inſtrumens & des victimes à ſon génie deſtructeur. Le Prince Maurice ſacrifie à cette idole des Chefs des armées, le bonheur de ſes Concitoyens ne peut le dédommager de la puiſſance qu'il va perdre; il abuſe de cette puiſſance acquiſe par de vrais ſervices pour ſe la conſerver injuſtement; & s'il s'oppoſe moins à la paix, qu'à une longue trève, c'eſt que, réduit à colorer ſes démarches, il s'attache à combattre &

à éloigner ce dont la conclusion lui paroît plus facile & plus prochaine.

Ce fut dans ces conjonctures fâcheuses, que Jeannin eut le courage d'entreprendre, & la gloire d'exécuter un projet qui devoit régler le sort de toute la République chrétienne ; il n'est point d'obstacle dont le génie & la constance ne puissent triompher, lorsqu'un zèle sincère les anime & les soutient ; trop souvent ce zèle du Ministre est gêné par des instructions méditées au loin, & qui font perdre l'avantage du moment, parce qu'elles n'ont pu prévoir la rapidité des révolutions; mais gardons-nous de confondre Jeannin avec ces hommes ordinaires qui ne sont, à vrai dire, que d'aveugles coopérateurs de la politique des autres, & dont la prudence circonscrit tous les pas, dans la crainte qu'ils ne s'égarent; son Roi le connoît trop pour limiter ses pouvoirs ; il ne lui écrivit jamais rien au sujet de cette négociation ; il ne lui expliqua jamais ses propres intentions, qu'il ne l'enhardît en même-temps à suivre une autre route, s'il la jugeoit plus avantageuse. Que ne puis-je retracer ici tous les détails de cette longue correspondance, où, pendant l'espace de près de trois années, il il préſente ſous des noms myſtérieux l'état actuel de toutes les Puiſſances de l'Europe, démêle leurs intrigues, dévoile leurs projets, évalue leurs forces, où il rend compte de toutes ſes démarches, communique toutes ſes connoiſſances, expoſe ce que l'on doit craindre, annonce ce que l'on peut tenter, & indique les moyens qu'il juge préférables pour aſſurer le ſuccès? Quelles vues ſupérieures! quelle profondeur de politique! quels tableaux d'évènemens! C'eſt à ce précis exact de ſes travaux, que j'oſe appeller aujourd'hui ceux qui accusèrent témérairement la lenteur de ſa négociation; qu'ils conſidèrent l'étendue de la carrière qu'il eut à parcourir; qu'ils comptent, qu'ils meſurent les écueils qu'il dut franchir; qu'ils ſuivent, s'il eſt poſſible, toutes les gradations laborieuſes de ſa marche, & ils verront que cette négociation ne fut vraîment longue que pour le Souverain, qu'elle priva ſi long-temps d'un ſage Miniſtre qu'il eût voulu employer par-tout; ils ne s'en appercevront que par le retour fréquent des expreſſions flatteuſes de ce Prince, & les regrets qu'il lui témoigna tant de fois de ne pouvoir conférer avec lui *bouche à bouche*, de toutes les affaires de ſon Royaume.

Enfin, la trève eſt conclue à la ſatisfaction de toutes les Puiſſances; Jeannin met le ſceau à ce grand ouvrage en conciliant les Princes diviſés, en réglant les intérêts des grandes Maiſons, dont les différends ne font que trop ſouvent obſtacle à la proſpérité des Empires, & prépare ſourdement la deſtruction des Républiques; une confiance réciproque le rend médiateur de ces longues querelles, & ceux qui avoient poſé le glaive à la voix du politique, ſoumettent le partage de leurs domaines aux lumières du Juriſconſulte.

C'étoit peu d'avoir réglé les intérêts humains, ſi ceux qui prennent leur ſource dans les conſciences, & que le fanatique appelle divins, parce qu'il s'arroge le droit d'exercer la divine vengeance, pouvoient encore troubler la paix. Les Etats voyoient dans leur ſein deux Egliſes élevées au même Dieu; mais d'autant plus acharnées à ſe perſécuter, que ſe glorifiant toutes deux de ſuivre ſa parole, elles lui offroient une foi différente; la tolérance ne fut point une vertu dans le ſiècle de Jeannin; mais le caractère du grand homme eſt de réſiſter aux mœurs du temps, & d'avoir les vertus de tous les ſiècles (1) : ce Catholique zélé raſſemble encore les citoyens pour les porter à l'humanité & à la modération ; il les ramène à cette vérité de ſentiment qui les touche également, *qu'on ne peut dire libres ni heureux, ceux à qui on ôte le pouvoir de ſervir Dieu, ſelon la religion, dans laquelle ils ont été inſtruits.* Il les réunit à ce précepte de charité, & le Chrétien fidèle entend avec admiration, cette bouche non ſuſpecte, lui conſeiller la fuite pour

(1) Il exiſte dans les Corps les plus auguſtes des eſprits remuans, avides de toutes ſortes de gloire, plus chauds de tête que de cœur, antagoniſtes décidés de toute opinion qui heurtent de front la leur. Ces mauvais génies parlent hautement de patriotiſme, de renverſement, de conſtitution, exaltent une Nation rivale de la nôtre, pour avoir un air de ſupériorité, qui, aux yeux de gens ſenſés, les fait preciſément juger pour des êtres nuls. Le bon citoyen eſt celui qui cherche à ſervir ſa Patrie par ſes actions, & non par des déclamations qui affichent ſur-tout l'homme, ſans lui attirer les reſpects. Ces ſortes d'enthouſiaſtes ſont perpétuellement affamées de célébrité ; ils ſont plus convoiteux de couronnes, que dignes de les mériter : le mot d'humanité eſt perpétuellement ſur leurs lèvres ; mais qu'on étudie leur vie privée, & l'on verra avec quelle cruauté ils traitent ceux qui, par leurs malheurs, avoient les plus juſtes droits à leur ſilence....... Magiſtrats de tous les pays, voulez vous fixer l'opinion publique, ſoyez des *Jeannins.*

conſerver la pureté de ſon culte, plutôt que d'altérer la tranquillité de ſes frères.

Jeannin quitte les Provinces-Unies avec le titre glorieux de Fondateur de cette République; le pinceau y retrace & multiplie ſon image, pour éterniſer ſa mémoire, & atteſter la vénération qu'il a inſpiré à ces peuples. Ils regardent le choix que Henri fit de ce Perſonnage, comme l'un des plus grands bienfaits qu'ils aient reçu du Monarque de la France; leurs voix ſe réuniſſent pour lui en porter de particulières actions de graces. Si Jeannin leur eût permis de mettre un prix à leur reconnoiſſance, il eût pu rapporter de grandes richeſſes; mais, tandis que le beſoin le force à ſolliciter une ſomme modique pour la dépenſe de ſa route, ni l'exemple des Ambaſſadeurs étrangers, exemple dont l'autorité n'eſt que trop déciſive, lorſqu'elle flatte, ni le ridicule inſultant, dont l'avarice & l'ambition commençoient dès-lors à couvrir une vertu qu'elles ne vouloient pas imiter, ne purent affoiblir les ſentimens de devoir, de probité & de déſintéreſſement qu'il trouvoit en ſon cœur; & des préſens qui lui étoient offerts de toutes parts, il ne crut légitimes, que ceux que ſon Roi lui ordonna expreſſément d'accepter.

Une autre récompenſe plus flatteuſe attendoit Jeannin à la Cour de Henri le grand ; c'eſt-là, qu'il va recevoir un prix plus deſiré; un prix que, ni l'éclat de la renommée, ni le ſuccès de l'ambition, ni le faſte de l'opulence, ni le crédit fortuit de la faveur, ne peuvent jamais égaler, un prix qui ferme les bleſſures du guerrier, qui efface les dégoûts, qui change en tranſports de joie le ſouvenir des dangers & des peines, & ne laiſſe à celui qui l'a mérité, que le deſir impétueux de faire encore les mêmes ſacrifices : il va goûter cette douce ſatisfaction que la préſence du Maître produit dans l'ame du ſujet qui vient de le ſervir ; moment délicieux! ſur-tout, lorſque la cérémonie n'en a pas fait les préparatifs, & que la ſenſibilité emporte les cœurs au-delà des bornes de la froide étiquette. Henri s'avance au-devant de Jeannin, il l'embraſſe, & prenant la main de la Reine qui l'accompagnoit : « Vous voyez (lui dit » ce Prince) l'un des plus hommes de bien de mon » Royaume, le plus affectionné à mon ſervice, le » plus capable de ſervir l'Etat, & s'il arrive que » Dieu diſpoſe de moi, je vous prie de vous repo- » ſer ſur ſa fidélité, & ſur la paſſion que je ſçais » qu'il a pour le bien de mes peuples..... ». Mais quel murmure ſuſpend l'impreſſion que ces paroles doivent porter dans tous les cœurs? Il me ſemble entendre la renommée de Sully démentir la vérité de ce conſeil, & réclamer pour ce Sur-Intendant, le témoignage d'une confiance qu'aucun autre ne partagea jamais avec lui: que ceux qui éleveroient ce doute connoîtroient peu la ſageſſe & la prévoyance du plus grand Roi qui ait peut-être exiſté! Henri portoit ſes vues au-delà du tombeau, il ſçavoit que le moment qui l'y verroit deſcendre, ſeroit l'époque de la diſgrace d'un Miniſtre que ſa royale autorité avoit peine à défendre des cabales de la haine de ceux entre les mains de qui devoit paſſer cette puiſſance; heureux de trouver le même génie, le même zèle, dans un homme que la Religion ne leur rendoit pas ſuſpect; dans un homme dont la vertu, plus modeſte & moins fière, leur avoit inſpiré moins de prévention & d'éloignement, il preſcrivoit ce choix parce qu'il le voyoit plus poſſible, ſans le croire moins avantageux; & s'il eût eu beſoin d'autres lumières que de ſes propres connoiſſances pour former ce vœu pour la France, Sully, lui-même, l'auroit déterminé; Sully avoit connu & admiré Jeannin; perſonne n'avoit mieux ſenti toute l'importance de ſa dernière négociation, il ſavoit combien il avoit ſervi au traité de Vervins; ils avoient travaillé de concert à celui qui mit fin aux ruſes du Duc de Savoye; ſouvent il l'avoit défendu des propos des courtiſans, ſouvent il avoit ſoutenu ſa conſtance contre les dégoûts que l'envie lui ſuſcitoit, & la rivalité qui ſembla quelquefois éloigner ces deux hommes véritablement grands, ne fut pas la ſeule preuve que le génie les rapprochoit; la franchiſe avec laquelle ils ſe rendirent toujours juſtice, annoblit ce ſentiment qu'ils croyoient ſe devoir, & qui les plaçoit au même rang.

J'en dis trop pour juſtifier ce que l'évènement n'a que trop tôt confirmé; un dernier coup, & le plus terrible ſans doute, étoit réſervé à la France. Un monſtre que l'enfer a vomi ſur la terre, un monſtre allaité du venin de la diſcorde, élevé par le fanatiſme, exercé au ſacrilége, a arrêté le cours de ſes proſpérités; la France a perdu ſon bon Roi, Sully a perdu ſon cher Maître, & ſa propre défiance lui ferme à l'inſtant les avenues d'un trône que Henri n'occupe plus, elle ſuſpend tout-à-coup les larmes dont il court arroſer ſon cercueil, & lui défend d'aborder une Cour d'où ſon eſprit a diſparu : qui, dans ce désordre prendra soin de la chose publique? Qui voudra servir de Pilote dans ce danger? Ah! Jeannin retiens ces gémissemens qui ne peuvent désormais acquitter ce que tu dois à la mémoire de Henri; c'est ton activité qu'il réclame pour le salut d'un peuple qu'il a toujours si tendrement chéri, d'un peuple, dont l'intérêt étouffa, jusqu'à ses derniers momens, le sentiment de ses propres douleurs; il a emporté parmi les ombres cette inquiétude paternelle qui te presse de le servir; il n'est pas oublié, puisque les droits de l'estime l'emportent encore sur ceux de la faveur; c'est son vœu, c'est son choix, c'est lui-même qui, par les mains de la Régente, te remet le dépôt des Finances du Royaume, dépôt précieux, le sang de la Nation, la base de sa puissance, le gage de sa félicité, reçois-le pour le soustraire à la cupidité qui le menace, reçois-le pour le mettre sous la garde de ta vertu; il ne te sera pas libre d'ajouter à ces trésors par l'économie qui les a produits; mais tu empêcheras qu'ils ne deviennent la proie de la rapine, tu ne seras pas maître de les conserver entiers, mais tu empêcheras que le coffre de l'épargne ne devienne un abîme où se perdent toutes les richesses de la Nation, un gouffre qui les reçoive

toutes

toutes pour les toutes engloutir, ils furent accumulés, ces trésors, pour maintenir la balance contre la Maison d'Autriche, & fonder une république universelle; tu ne rempliras pas ces vastes projets, puisque la tombe à tout-à-coup enseveli & le génie qui les avoit formés, & le bras qui en eût assuré le succès; mais tu défendras l'auguste rejetton de cette race de Héros, jusqu'à ce que l'âge ait rendu sa main assez ferme pour porter le sceptre des Lys; tu ne pourras aggrandir son héritage, mais tu feras assez de le conserver; tu acheteras la paix de la France de ces deniers amassés pour donner la paix à l'Europe; ta volonté ne suffira pas toujours pour opérer le bien; mais ta résistance suffira pour empêcher le mal; enfin, tu ne pourras faire tout ce que tu eus fait sous Henri; mais tu feras plus peut-être que Sully même n'eût fait sous une régence.

L'expression de ces vœux est le tableau fidèle du Ministère de Jeannin, Ministère heureux, & tel que l'histoire de la minorité de nos Rois ne laisse à celui qui veut comparer, qu'un sentiment de surprise & d'admiration pour le grand homme à qui la France dut cet état inespéré de paix & de prospérité.

Dans ces temps de trouble & de confusion où

le gouvernement eſt ſans force (1), & la politique ſans objet, où l'adminiſtration n'a plus de règles, où les beſoins ſont ſans bornes, dans ces temps où renaiſſent toutes les diſſenſions que l'on croyoit éteintes, où les intérêts ſe diviſent, ſe croiſent & ſe multiplient, dans ces momens que l'ambitieux attend pour ſe montrer, & dont le moins important veut profiter auſſi par des allarmes, ce Miniſtre, ſans ceſſer d'entretenir les mêmes troupes pour la ſucceſſion de Juillers, ſans diſcontinuer les entrepriſes intérieures, ſans diminuer cet éclat qu'il importe de conſerver à la Couronne, d'une main répand les richeſſes pour déſarmer les mécontens, & attacher tous les Grands

(1) Nos pères ont gémi ſur les malheurs de leurs temps. Ne pouvons-nous pas dire dans les circonſtances actuelles, avec l'accent de la douleur, à nos compatriotes de tous les rangs : O François, ceſſe de t'enorgueillir de tes arts & de tes lumières, tu as tout perdu, puiſque tu n'as plus de mœurs; l'audace & le vice trouvent un aſyle juſque dans le temple de Thémis, la fidélité conjugale eſt frappée d'ignominie par les interprètes mêmes des loix; vertu bienfaiſante qui, ſeul, promet des jours heureux aux ames ſenſibles, tu es donc maintenant condamné à gémir ſous l'opprobre; fuis ces lieux où la débauche au front altier va déſormais régner; mais non, entend la Nation émue de tes accens plaintifs. Bientôt, entourant ton Roi, elle ſçaura rendre à ta gloire ſon antique éclat, & réduire en poudre ce corps ſacrilège, qui oſe ſouiller tes ſaints nœuds.

du Royaume à la fortune de l'Etat, de l'autre, allège le poids des impositions, & supprime toutes celles que les peuples n'avoient supportées patiemment que dans la confiance de voir accomplir les glorieux desseins du règne précédent ; prodigue envers tous ceux dont la fidélité attend quelque prix, & pour lui seul avare de ces mêmes biens, il partage un pouvoir qu'il peut se réserver en entier ; il s'associe des coopérateurs, non pour couvrir des abus par l'autorité; mais pour prévenir le soupçon par la publicité ; il lève, lui-même, le voile qui couvre trop souvent une gestion aussi étendue, il dissipe les ténèbres dont il est si facile de s'envelopper, il fuit l'ombre qui, seule, trahit le besoin de celui qui la cherche, c'est aux Etats du Royaume assemblés qu'il porte & qu'il soumet le compte de son administration. Quel autre que Jeannin eût pu braver ainsi la lumière, & montrer une vertu aussi triomphante au milieu de tant d'épreuves difficiles?.....

.Mais ne calomnions pas l'humanité pour relever la gloire d'un mortel ; de tous ceux qui parviennent à ce faîte de grandeurs, il n'en est point sans doute qui, même en méditant sa fortune, ne se propose la splendeur de l'Etat ; mais qu'en prenant le gouvernail de ce vaiſſeau qui porte la deſtinée des Empires, l'homme ordinaire, & le grand homme éprouvent un ſentiment différent!

Comme ſi Neptune l'eût armé de ſon trident, le premier croit tenir en ſes mains l'urne des flots, & les outres des vents, il ne connoît point d'obſtacle ſupérieur à ſa volonté; il marche ſans crainte, parce qu'il eſt ſans prévoyance; un revers le déſabuſe, & bientôt le découragement ſuccède à ſa téméraire confiance; bientôt étonné de l'impuiſſance de ſon art, interdit à la vue des éceuils qui l'environnent; incapable de ſe frayer une route nouvelle, il ſe laiſſe aller au haſard, le péril du moment devient ſa bouſſole, content de s'égarer & de tout perdre, pourvu qu'il échappe; le ſecond n'a deſiré le pouvoir que pour faire le bien; d'autant plus timide qu'il eſt plus éclairé, il ſent, en entrant dans la carrière, tout le poids de l'entrepriſe; il juge, il prévoit ce qu'il ne peut encore appercevoir, & ne reçoit qu'à regret un titre qui le plaçant, pour ainſi dire, entre l'olympe & la terre, lui préſente la difficulté continuelle de concilier les ordres de l'un, & les vœux de l'autre, & le charge en quelque ſorte de l'équilibre de l'Univers; celui-là ne voit que des ſoldats, des matelots, des manœuvres occupés à faire mouvoir ſous ſes ordres cette grande machine du gouvernement; celui-ci voit un peuple & des hommes, & loin de ſe croire le centre de leur activité, il penſe que leur bonheur eſt ſon devoir, qu'il doit être le ſeul principe de ſes actions, qu'il eſt le ſeul fondement d'une gloire ſolide, le ſeul titre qui puiſſe rendre légitimes & les honneurs dont il jouit, & les dons qu'il reçoit du Prince & de l'Etat.

Mais ce ne ſont point les ſeules qualités de l'homme qui change le premier coup-d'œil qu'il porte ſur les fonctions du Miniſtère; elles préſentent autant de faces diverſes que le temps peut avoir de viciſſitudes, les Etats de révolutions, les circonſtances de variétés; & pour ne parler ici que de celles que Jeannin éprouva, qu'elle différence d'être le Miniſtre d'un Roi, & le Miniſtre d'une Régente!

Là, l'autorité toujours entière, toujours raſſemblée dans une ſeule main, ſoit que le Prince l'exerce lui-même, ſoit qu'il règne par celui à qui il la confie, peut entreprendre tout ce qu'elle juge utile, & exécuter tout ce qu'elle a entrepris; tout obéit, tout plie au nom d'un Maître que l'on reſpecte; la force résulte de l'union, la soumission naît de l'ordre, l'ordre naît de l'unité de volonté; cette volonté détermine à son gré le systême de politique, elle forme le plan d'administration, & le succès ne dépend que du dessein.

Ici la foiblesse du Gouvernement ne laisse presque entrevoir que les désordres de l'anarchie, & la nécessité de lutter incessamment contre l'indépendance; sa propre conservation absorbe toute son activité, le terme de sa durée limite encore sa puissance, il n'ose pas même le bien si l'évènement n'en est prochain, il ne l'ose pas, s'il n'est sensible à tous ceux qui s'en rendent arbitres, il ne le peut plus dès qu'il contrarie les intérêts particuliers, & le moindre inconvénient est que chacun s'empresse d'autant plus à profiter de la faveur, qu'il voit de plus près & avec plus de certitude, l'instant de le perdre.

Le Ministre qui prévoit & redoute une disgrace qu'il n'a point mérité, travaille bientôt à rendre juste celle dont il se croit menacé : Jeannin avoit vu de loin approcher celle que lui préparoit un ambitieux Etranger, mais il l'avoit vu sans éprouver ni cette crainte qui attiédit le zèle, ni ce retour sur sa fortune, qui est toujours suivi de lâches précautions, & il la reçut ſans témoigner ce chagrin qui en augmente l'éclat. Que dis-je, il la reçut? Ah! ce fut moins la diſgrace de Jeannin, que celle de la France entière; qui pourroit en douter, lorſque je nommerai le Maréchal d'Ancre? Tel fut celui à qui la plus injuſte faveur abandonna toute l'autorité; tel fut celui qui gouverna l'Etat. Faudra-t-il que je rappelle ici toutes les voies odieuſes d'intrigue & de cabale que ce Florentin mit en œuvre pour uſurper cette puiſſance, la déprédation qu'il porta dans les Finances, ſes attentats contre les Princes du Sang Royal, les guerres civiles qui durèrent, autant que ſon adminiſtration, l'aſſerviſſement où il tenta de réduire ſon Roi, la rébellion qu'il méditoit?... Non, l'indignation a gravé à jamais tous ces faits dans la mémoire de la poſtérité, la tache que la vengeance du Souverain, la proſcription de la Loi & la haine des peuples ont imprimée à ce nom trop fameux, ſubſiſte encore, & le ſentiment d'horreur qu'il réveille n'a pas beſoin d'être fortifié par des détails.

Le terme des proſpérités du méchant arrive, & il eſt le triomphe du Juſte : le Maréchal d'Ancre eſt mort, avec lui tous les déſordres ont diſparu, l'autorité légitime reprend ſes droits, la paix renaît, l'équité règne, la vérité ſe montre, & Jeannin eſt rétabli dans toutes ſes charges, avec le titre de Surintendant des Finances. *Il eſt rare*, dit un Hiſtorien célèbre (1), *de voir un favori paſſer d'un règne à l'autre*; mais ſi les affections meurent avec les hommes, les droits de la vertu leur ſurvivent, & leur impreſſion eſt égale ſur les générations qui ſe ſuccèdent; Jeannin avoit plus de mérite que de crédit, il avoit toujours plus aſpiré à l'eſtime qu'à la faveur, & les mêmes qualités qui l'avoient annoncé ſous *Henri II*, ſous *François II*, ſous *Charles IX*, qui l'avoient élevé ſous *Henri III*, qui lui avoient acquis la confiance du *Grand Henri*, qui la lui avoient conſervé pendant les premiers temps de la Régence, lui méritèrent encore celle de *Louis le Juſte*. Un homme utile l'eſt toujours, & il ne ceſſe d'être employé que lorſqu'il ne veut pas ſervir d'ombre au mal qu'il ne peut empêcher.... j'ajoute avec regret, ou lorſque la caducité de ſon âge le force à deſirer la tranquillité de la retraite : il falloit le zèle de Jeannin pour commencer, pour ainſi dire, une carrière nouvelle, ſous

(1) Le Préſident Hainaut.

ce nouveau règne, il fallut tout le courage de ce Vieillard pour le ſoutenir encore auſſi long-temps dans les pénibles travaux de la Surintendance; mais ce courage qui ne ſupplée les forces qu'en les épuiſant, l'emporta trop loin; comme ſi ſa deſtinée glorieuſe eût été de ceſſer de vivre au moment qu'il ceſſeroit de ſervir ſa Patrie, la mort le ſurprit formant le projet de chercher enfin le repos & la ſolitude.

Je me hâte trop, ſans doute, de porter le cyprès ſur ſa tombe, tandis qu'il me reſte tant de lauriers à attacher au trophée de ſa gloire; mais où ne me conduiroit pas le deſſein de les tous raſſembler? J'ai peint Jeannin bon Citoyen, habile Négociateur, Politique profond, Grand Miniſtre d'Etat : ce ſeroit ici le lieu de faire connoître l'homme; on aime à contempler la vie privée de ceux qui ont long-temps occupé la ſcène; on ſe plaît à les voir, à les retrouver dans leur domeſtique, à les juger indépendamment de l'éclat des occaſions; mais je le répète, Jeannin ne vécut jamais pour lui. Quelle peut être la vie privée d'un homme qui ne ceſſa pendant plus d'un demi-ſiècle d'avoir la plus grande part à toutes les affaires publiques? Où placer la vie privée de celui que le zèle ne laiſſa jamais à ſa famille, qui croyoit devoir à l'Etat juſqu'au ſacrifice des mouvemens de la nature, qui préſida au Conſeil, le jour même qu'il perdit ſon fils? Appellerai-je vertu privée cet amour de ſa Religion, dont la France admira la ſincérité, que l'Eſpagne étonnée lui vit concilier avec le Patriotiſme, & la Hollande avec la tolérance? Appellerai-je vertu privée cette fidélité incorruptible, ce noble déſintéreſſement qui ne lui permirent d'accepter ni les offres de ceux qui vouloient ſe l'attacher, ni les préſens de ceux qui vouloient reconnoître ſes ſervices? Appellerai-je vertus privées cette pudeur naturelle qui l'empêchoit de ſolliciter les plus juſtes récompenſes, cette philoſophie qui, au milieu même des eſpérances, l'élevoit au-deſſus du deſir, cette généreuſe modération qui lui fit refuſer les Sceaux, pour les conſerver à celui qui les poſſédoit, cette ſcrupuleuſe ſévérité qu'atteſtent ſa vie ſans faſte, tant qu'il mania les Finances, & ſa retraite ſans fortune, après les avoir ſi long-temps adminiſtrées? Appellerai-je vertu privée cette franchiſe qui lui gagna tous les eſprits, dont l'empreinte étoit ſur ſon front, que l'on retrouvoit dans ſes diſcours, qui caractériſoit ſes écrits, & qui fit deſirer à Henri le Grand, que ſa vie fût écrite par cet homme, dont la poſtérité ne pourroit récuſer le témoignage? Appellerai-je enfin vertus privées cette douceur, cette égalité qu'il porta juſques dans les affaires, la fermerté avec laquelle il ſoutint, & les menaces de l'envie, & les coups de la fortune, ſon affabilité pour tous ceux qui l'approchoient, ſa généroſité envers les Gens de lettres qu'il ſçut protéger ſans les avilir?..... Oui Jeannin eut toutes les vertus, & ces vertus firent toujours le ſort de ſes Concitoyens. Pourquoi la Nature ne produit-elle pas plus ſouvent de tels Hommes!

NOTES.

PIERRE JEANNIN naquit à Autun en 1540 de Pierre Jeannin, Citoyen, & Echevin d'Autun; son mérite l'éleva bien au-dessus du rang que sa naissance pouvoit lui faire espérer ; on écrit à ce propos, qu'un Prince cherchant à l'embarrasser, lui demanda de qui il étoit fils, & qu'il répondit, *de mes vertus.* L'Auteur de la bibliothèque de Bourgogne rapporte une autre anecdote qui mérite d'être placée à côté de celle-ci : un riche particulier ayant entendu Jeannin discourir dans les Etats de Bourgogne, fut si charmé de son éloquence, qu'il résolut de l'avoir pour gendre; il l'alla trouver, & lui demanda en quoi consistoit son bien : *Voilà*, s'écria Jeannin, en portant la main à sa tête, & à une tablette de Livres, *voilà tout mon bien & toute ma fortune.*

Claude Thiroux, Editeur des Mémoires de Jean Munier, sur la Ville d'Autun, raconte que la mère de Jeannin avoit déclaré pendant sa grossesse, *qu'elle avoit songé plusieurs fois qu'elle avoit mis au monde un enfant revêtu d'une robe d'écarlate, & qu'un grand nombre de personnes s'étoient trouvées autour de lui qui l'avoient enlevé.* Rien n'étoit plus ordinaire alors que ces présages merveilleux; & ce qu'il y a de remarquable, c'est que, quoique l'on commençât à les mépriser, ils ne laissoient pas de faire encore assez d'impression pour en conserver la mémoire, & peut-être en préparer l'accomplissement dans le sens que l'imagination y ajoutoit. Jeannin (continue Claude Tiroux) eut toujours des pressentimens qu'il seroit élevé à de grandes dignités; cependant il refusa d'apprendre son horoscope d'un fameux Mathématicien, en disant qu'il ne croyoit pas que le dessein qu'il avoit dépendît de ses nombres. Quelque frappante que soit cette inconséquence, les exemples en étoient communs dans ce temps; il est certain que le Baron de Rosny s'appuya également de prédictions en exhortant son fils à soutenir l'honneur de sa Maison; & le Duc de Sully avouoit que les prédictions de la Brosse, son ancien Précepteur, ne lui sortoient pas de l'esprit, au point qu'il dit un jour au Roi de Navarre, en lui offrant de vendre ses futayes pour lui faire de l'argent; *vous m'en donnerez un jour davantage, lorsque vous serez bien riche, cela arrivera; car j'ai eu un Précepteur qui avoit le diable au corps, qui me l'a prédit* (*Mém. de*

Sully). Qui pourroit assurer que ces pressentimens n'ont pas eu quelque rapport involontaire avec les projets & la conduite de ceux qui les éprouvoient, & qu'ils n'ont pas eux-mêmes contribué à l'évènement. L'indécision de l'esprit suffit pour livrer le cœur aux passions qui le flattent ; en vain le Philosophe Anaxagore expliqua à Periclès par des causes naturelles, le phénomène du Belier à une seule corne, il ne voyoit plus de prodige & conservoit l'espérance que lui avoit fait naître l'interprétation de Lampon. Le cœur d'Alexandre fermé à la superstition, lorsqu'elle combattoit ses projets, s'ouvrit à la crédulité toutes les fois que ses devins lui annoncèrent des succès.

Jeannin a été dissiple de Cujas ; & ce ne fut qu'après avoir quitté deux fois son Ecole, qu'il se livra sérieusement à l'étude du Droit. Cette anecdote est tirée des manuscrits de M. le Conseiller de la Marre, pour la Vie de Cujas ; elle est rapportée dans la Bibliothèque des Auteurs de Bourgogne de M. l'Abbé Papillon : ce Bibliographe a cru que Pierre Jeannin avoit été quelque temps Procureur du Roi *en la terre de Sagey ou Sagy* ; ce fait n'est pas vraisemblable, il n'y a point de Procureur du Roi à Sagey, qui eſt près de Nolay, & la Châtellenie de Sagy eſt en Breſſe; une reſſemblance de nom a ſans doute produit cette erreur, qui ne peut s'accorder avec les autres circonſtances connues de la vie de Jeannin.

Jeannin fut reçu Avocat au Parlement de Bourgogne, le 21 Novembre 1569; il plaida ſa première cauſe à l'audience publique, le 30 Janvier 1570, pour la Ville d'Autun qui diſputoit à celle de Châlons la préſéance en l'Aſſemblée des Etats, & l'emporta; il n'exerça cette Profeſſion que pendant deux ans; mais ce fut avec tant de ſuccès, que Charles Fevret a cru devoir lui rendre ce témoignage dans ſon Livre *de claris fori Burgun. Oratoribus.* « *Grandius aliquid, magnificentiuſque intonuerat quam* » *ſuæ aut antea ætatis oratores; & ſi ætatem & ſtudium* » *foro ornandæque facultati oratoriæ impendiſſet, priſ-* » *corum gloriam potuiſſet & aſſequi, & æquare* ».

Il fut choiſi en 1571, pour être le Conſeil de la Province; il fut Député aux Etats de Blois pour le Tiers-Etat de la part de la Ville de Dijon, & l'un des deux Orateurs qui portèrent la parole pour le Tiers-Etat du Royaume : ce fut là qu'il commença à découvrir les deſſeins de la Maiſon de Guiſe, & qu'elle avoit pratiqué des menées pour faire demander par les Députés l'ouverture de la guerre contre ceux de la Religion réformée; les deux Chambres du Clergé & de la Nobleſſe, en furent d'avis; il fit tous ſes efforts pour l'empêcher de paſſer dans la Chambre du Tiers-Etat; il parla le premier ſur ce ſujet, comme Député de la Province de Bourgogne, qui tient le premier rang dans ces aſſemblées; il opina avec force à ce que, ſans prendre les armes, on ſe contentât des moyens dont l'Egliſe ſe ſervoit ordinairement pour ramener en ſon ſein ceux qui en étoient ſortis; il employa les raiſons les plus puiſſantes pour prévenir cette réſolution, ſuivant l'inſtruction qu'il en avoit reçue de Henri III, qui s'oppoſoit à la guerre, & regardoit ce conſeil violent comme une véritable faction; mais quoique cette opinion eût été approuvée par la pluralité de ſept Provinces contre cinq, la prévarication du Député qui partageoit avec lui les fonctions d'Orateur du Tiers-Etat, & qui oſa dire & prononcer le contraire, fut cauſe qu'il y eut délibération de faire la guerre.

FIN.

[illegible] que le Public daign[illegible]

[illegible]

[illegible] pour le recueil [illegible] à l'époque qu'on choisit à son goût. On [illegible] les Exemplaires chez M. le Comte [illegible]